AF497934

ROGER-BONTEMS

ET JAVOTTE,

PARODIE D'ORPHÉE

ET EURIDICE;

PIÈCE EN UN ACTE, MÊLÉE D'ARIETTES;

Par MM MOLINE & D'ORVIGNY :

Représentée pour la premiere fois par les Comédiens Italiens Ordinaires du Roi, le Samedi 13 Mai 1775.

Le prix est de 24 sols.

A PARIS,

Chez la Veuve Duchesne, Libraire, rue Saint-Jacques, au-dessous de la Fontaine Saint-Benoit, au Temple du Goût.

M. DCC. LXXV.

Avec Approbation.

ACTEURS.

PERSONNAGES.   *ACTÉURS.*

M. FUMERON, Maître de Forges.	*M. Narbonne.*
Mad. FUMERON.	*Mlle. Defglands.*
CÉLADON, Empyrique.	*Mlle. Le Févre.*
ROGER-BONTEMS, Joueur de Vielle.	*M. Julien.*
JAVOTTE, femme de Roger-Bontems.	*Mad. Moulinghen.*
GUILMINO, Chef des Forgerons.	*M. Thomaſſin.*
PREMIERS VIELLEURS ET FORGERONS.	*MM. d'Hemeri, Gaillard, De Sormeri & Rouſſel.*
PREMIERE VIELLEUSE.	*Mlle. Dufayel.*
DEUXIEME VIELLEUSE.	*Mlle. Colombe, cadette.*

TROUPE DE MARMOTTES.
TROUPE DE VIELLEURS.
TROUPE DE FORGERONS.
TROIS SUIVANTES DE Mde. FUMERON.

La Scène ſe paſſe moitié dans les Forges, moitié dans le Jardin de Fumeron.

ROGER-BONTEMS ET JAVOTTE,
COMÉDIE.

Le Théâtre repréſente un Payſage agréable &
lointain, d'un côté : de l'autre on apperçoit une
Forge, dont les travaux ne ſont pas animés. Une
troupe de Marmottes garnit le Théâtre. Roger
ſur le devant paroît abſorbé dans ſa douleur ; il
eſt aſſis par terre, & appuyé contre un tronc
d'arbre : ſa Vielle eſt ſuſpendue en évidence ſur
le devant du Théâtre, avec un bonnet à la Corſe.

SCENE PREMIERE.
ROGER, LES MARMOTTES.

Chœur de Marmottes, chantant & danſant à la
Repriſe.

PREMIERE MARMOTTE.
AIR.

Elle eſt morte, la Vache à Panier ;
Elle eſt morte, n'en faut plus parler.

A 2

SECONDE MARMOTTE.

> Faut se consoler,
> Ne faut plus pleurer ;
> Mais il faut chanter,
> Il faut danser,
> Il faut chanter.

CHŒUR.

Elle est morte, la Vache à Panier ;
Elle est morte, n'en faut plus parler.

SCENE II.

ROGER ; LES VIELLEURS,
Camarades de Roger, arrivent.

PREMIER VIELLEUR, *aux Marmottes.*

EH bien ! vous autres, qu'y a-t-il de nouveau ?

PREMIERE MARMOTTE.

Ah ! mon enfant, nous sommes au désespoir.

SECOND VIELLEUR.

Au désespoir ! Et vous chantez, vous dansez !

SECONDE MARMOTTE.

C'est pour nous consoler.

PREMIER VIELLEUR.

La méthode est nouvelle.

PREMIERE MARMOTTE.

Nouvelle ! Elle eſt auſſi ancienne que l'Opéra,

AIR : *Ah ! vous en venez, ah ! vous en venez.*

Dans ce pays c'eſt l'uſage ;
Par un beau Chœur, par du tapage,
Tous les chagrins ſont diſſipés.

LES VIELLEURS.

Vous en venez, vous en venez ;
Ah ! je vois bien que vous en venez,
Que vous en venez.

PREMIER VIELLEUR.

Mais encore, pourquoi vous chagrinez-vous ?

PREMIERE MARMOTTE.

Pourquoi nous le demander ?

PREMIER VIELLEUR.

C'eſt qu'en nous le diſant, tout le monde le ſaura, & alors on ne ſera pas obligé de deviner.

PREMIERE MARMOTTE.

Eh bien ! mon enfant, apprends que la pauvre Javotte jouait ici de la vielle avec nous : M. Fumeron, le Maître des Forges, vient de la faire enlever.

SECOND VIELLEUR.

Enlever ! Et ſon mari, le pauvre Roger-Bontems ?

SECONDE MARMOTTE.

Le voilà.

6   **ROGER-BONTEMS,**

D U O *de Mondonville.*

PREMIER VIELLEUR.

A I R : *Eſt-il endormi, ton maudit mari ?*

Eſt-il endormi,
Ce pauvre mari ?
Hélas ! je le plains bien !

PREMIERE MARMOTTE.

Sa douleur profonde
Lui fait fuir tout le monde.

SECONDE MARMOTTE.

Il n'entend plus rien.

PREMIERE MARMOTTE.

Il ne voit plus rien.

ENSEMBLE.

Pour lui plus de bien,
Et la lumiere
Le déſeſpère.

SECOND VIELLEUR.

Mais ne parle-t-il plus ?

PREMIERE MARMOTTE.

A I R : *Des fraiſes, des fraiſes.*

Frappé d'un ſi grand revers,
Un nom ſeul il marmotte;
Il le dit en proſe, en vers,
Soit à tort, ſoit à travers.

R O G E R, *s'écriant.*

Javotte ! Javotte ! Javotte !

PREMIERE MARMOTTE.

Vous voyez, il ne pense qu'à sa femme. Quelle leçon pour les maris !

PREMIER VIELLEUR.

Elle ne sera pas suivie.

A I R : *Des fraises.*

On verroit bien des Maris
Lui dire qu'il radotte ;
Quoique l'usage, à Paris
Soit de jeter les hauts cris.

R O G E R, *s'écriant.*

Javotte ! Javotte ! Javotte !

PREMIERE MARMOTTE.

Allons, mes amis ; prenons-nous par la main,
& dansons une ronde.

A I R : *du Devin de Village.*

Allons danser sous ces Ormeaux.
Animez-vous, jeunes Fillettes ;
Allons danser sous ces Ormeaux ;
Galans, prenez vos Chalumeaux.

R O G E R, *se lève & les interrompt.*

Eh ! mes amis, mes camarades ! Je vous remercie de la peine & de la fatigue que vous vous donnez pour me confoler; mais, je vous en prie, ménagez vos voix & vos bras, pour la fin de mon aventure, & laiſſez moi feul ici.

PREMIER VIELLEUR.

Mais quelle fantaifie ! Pourquoi veux-tu refter feul ?

ROGER.

Que fais-je ?... J'aurai plus de plaifir à me défefpérer fans témoins, & puis, je veux tâcher de me rappeller quelque chanfon qui convienne à ma douleur.

PREMIER VIELLEUR.

Eh bien ! mon ami, nous te laiſſons : confole-toi comme tu pourras; chante, danfe, rêve, dé-fefpere-toi ; pends-toi même, fi tu veux: nous allons t'attendre au cabaret.

Ils fe retirent en chantant & en danfant.

CHŒUR.

Allons nous-en, gens de la noce,
Allons nous-en boire deux coups.

SCENE III.

ROGER, *seul.*

ME pendre, disent-ils ! J'en aurais bonne envie ; je le devrois, peut-être : mais, si je débute par-là, je m'ôterai la ressource du dénouement.... Pour gagner du tems, mettons-nous en règle, & commençons par apostropher l'aurore, le jour, la nuit, les forêts, les échos, les parques, les démons & la nature entiere. Allons.....

AIR : *Pour héritage, je n'eus de mes Parens.*

Toi, que j'adore,
Je te demande au jour ;
Pour toi j'implore,
La Lune à son retour :
Quand il fait nuit,
Je m'adresse à l'Aurore,
Et je te redemande encore
Quand le Soleil luit.

Javotte ! hélas ! Javotte ! où donc es-tu ?
Sans savoir ce qu'il dit, ton époux éperdu,
Pour calmer sa douleur amère,
Chante, danse, se désespère.....
Mais, hélas !....

(*Refrain.*)
Autant en emporte le vent.

 # ROGER-BONTEMS,

A I R : *Adieu, paniers, &c.*

Javotte étoit des plus parfaites,
Elle me gagnoit des écus ;
Mais, hélas ! je n'en aurai plus :
Adieu, paniers, vendanges sont faites.

Dans tous les coins de la maison,
Sur tous les murs on voit ton nom ;
Dans tous les cabarets, sur chaque cheminée
On lit, écrit en noir charbon :
Javotte, hélas ! Javotte est enlevée !

A I R : *Autrefois à sa Maitresse, &c.*

Par une vive tendresse,
Tu répondois à mon cœur ;
Javotte, chere Maitresse,
Tu partageois mon ardeur.
Quoi ! ta beauté, ta jeunesse,
Rien n'a pu te garantir !
Ton Epoux, dans son ivresse,
N'a pas sçu te secourir.
Pour le malheur de ma vie,
Tu sçais plaire à Fumeron.
Faut-il que tu sois ravie
Par ce maudit Forgeron ? [*bis.*]

Mais, je m'amuse à chanter, lorsque je dois
agir . . . . . Qui m'empêchera d'entrer dans la forge, & d'enlever ma femme à mon tour ? On dit
que rien n'est impossible à la musique : elle adou-

cira les Forgerons..... Infpire-moi , divin Orphée ! Et fi je ne puis les enchanter avec ma vielle,
fais du moins que je les endorme.

SCENE IV.

ROGER, CELADON.

CÉLADON.

A I R : *La bonne aventure , ô gué !*

POUR venir à ton fecours ,
Je fuis hors d'haleine ;
Mon pauvre Roger , j'accours
    Pour finir ta peine :
Ton bonheur va commencer,
Déja je viens t'annoncer
    La bonne aventure,
        O gué !
    La bonne aventure.

Arme-toi de réfolution , & mets ta vielle d'ac-
cord ; c'eft d'elle que dépend ta deftinée.

ROGER.

Eh ! qui êtes-vous, pour favoir tout cela ?

CÉLADON.

Bon ! j'en fais bien d'autres ! Quoique je tombe ici des nues pour toi , je mérite ta confiance.
Je protège les amans; je fuis confident né de

toutes les intrigues du Village. Par la vertu de mes secrets, je fais aimer les plus insensibles ; je rajeunis les vieillards, j'embellis les figures, & je corrige l'influence des planètes . . . . . En un mot, je suis le fameux Empyrique Céladon.

ROGER.

C'est-à-dire, un grand Charlatan.

CÉLADON.

A-peu-près, mon ami ; je suis l'Apothicaire des Forges, & je viens pour te servir.

ROGER.

Eh bien ! si vous le savez, apprenez-moi ce que fait ma femme à présent.

CÉLADON.

Ta femme est actuellement dans les jardins de Monsieur Fameron ; & comme il aime beaucoup la musique, si tu peux parvenir à l'amuser avec ta vielle, il te rendra ta femme, mais à une condition.

ROGER.

Ah ! Monsieur Céladon, je suis prêt à tout. Dites, quelle condition ?

CÉLADON.

C'est que . . . . . Peste du bavard ! j'allois faire une belle sottise ! Ce que c'est que les mauvais exemples! Apprends, mon ami, que je la sais fort bien; mais que je ne dois ni te la dire, ni même la savoir. Va trouver Monsieur Fumeron; c'est à lui à te l'apprendre.

ROGER.

AIR : de Janot & Janette. *Que ferons-je en mariage ?*

> Mais ce secret n'est pas sage ;
> Pourquoi me cacher cela ?

CÉLADON.

> Je n'en dis pas davantage ;
> Mais bientôt on t'instruira,
> Je l'imagine ;
> Et ce que je ne te dis pas,
> Le public le devine.

ROGER.

Mais, pourquoi cette discrétion ?

CÉLADON.

Pourquoi ?... C'est pour ne pas éventer le secret. Si je te le disois, il n'y auroit plus d'intérêt pour les autres scènes.

ROGER.

Ah ! je vous en prie, Monsieur Céladon.

CÉLADON.

AIR : *Va-t'en voir s'ils viennent, Jean; va-t'en voir s'ils viennent.*

> Non tu ne me tiens pas là,
> Je saurai me taire.

ROGER.

Mais, eſt-ce qu'à l'Opéra
L'on en fait myſtère ?

CÉLADON.

V-at'en voir s'ils viennent, Jean,
Va-t'en voir s'ils viennent.

Adieu. Je pourrois te débiter ici de jolies maximes d'amour & de délicateſſe, quelques petits perſifflages à la mode : mais je réſerve cela pour une meilleure occaſion. En attendant, compte ſur mon ſecours, tu me reverras en tems & lieu ; entre dans la forge, & ſi le feu te fait peur,

(*Il chante*).

Air : *Robin turelure.*

Que, dans ce preſſant danger,
Ta tendreſſe te raſſûre.
L'amour, mon ami Roger,

Turelure,
Eſt plus fort que la brûlure ;
Robin turelure lure.

(*Il s'en va*).

SCENE V.

ROGER, *seul.*

JE vais revoir ma femme, dit il ; ah ! cette promeſſe me rend toute ma gaieté. Chantons encore un peu.

AIR : *De la Bohémienne.*

Dans l'eſpérance du plaiſir,
Il faut d'avance ſe réjouir, &c.

(*Il eſt interrompu par le bruit de la forge, dont les travaux ſe font entendre ; mais à petit bruit d'abord*).

Il faut entrer dans la forge : mais ces Forgerons qui m'ont enlevé ma femme, ſont pis que des démons. S'ils alloient m'aſſommer ?

AIR : *Vogue la galere,* &c.

Allons, prenons courage :
    L'amour règle mon ſort.
Dans le feu, le tapage,
    Je veux braver la mort :

Et vogue la galere,
    Tant qu'elle, tant qu'elle, tant qu'elle ;
Et vogue la galere,
Tant qu'elle pourra voguer.

(Il prend sa vielle avec intrépidité , & enfonce son chapeau , puis il porte ses pas vers l'entrée de la forge : alors le bruit redouble ; on entend les coups de marteau , & on voit sortir du feu).

AIR : *Tentation de Saint Antoine. Ciel! l'Univers.*

Ah ! c'en est fait ! c'est mon heure derniere.
Quel bruit ! quels coups ! quel horrible fracas !
Ah ! c'est pis que le tonnerre
Qui gronde & tombe en éclats !
Je sens la terre
Trembler sous mes pas.

SCENE VI.

ROGER, UN FORGERON,
avançant vers Roger.

PREMIER FORGERON.

AIR : *Aux armes, camarades, &c.*

A l'aide, camarades, à l'aide !
Empêchons d'approcher ce ravisseur-là.
A l'aide, camarades, à l'aide !
  (à Roger.)
Toi, coquin, veux-tu bien rester là !

ROGER.

Moi, coquin ! moi, ravisseur ! Eh ! Messieurs,
je viens vous demander ma femme.

PREMIER

PREMIER FORGERON.

Ta femme !

(*Il reprend l'air.*)

A l'aide, camarades, &c.

SCENE VII.

(*Les Forgerons accourent avec des marteaux, des barres de fer, des fourches, & autres instrumens de Forges.*)

ROGER, *à part.*

AIR : *Ah ! te voilà ! &c.*

AH ! les voilà !
Hélas ! le cœur me bat déjà.

LES FORGERONS.

Arrête, frippon.

ROGER.

Eh ! Meſſieurs, laiſſez-moi donc !

LES FORGERONS.
Non.

ROGER.

Ayez moins de rigueurs !
Laiſſez-vous attendrir par mes pleurs.

LES FORGERONS.

Rien ne peut nous toucher ;
Sors d'ici, garde-toi d'approcher.

B

ROGER.

Ecoutez-moi :
Ne me caufez plus tant d'effroi.
Appaifez-vous donc,
Je vais dire une chanfon.

LES FORGERONS.

Non.

ROGER.

Air : *Ah ! vous avez bon air.*

Écoutez ma vielle.

PREMIER FORGERON.

Ah ! la chofe eft nouvelle !

ROGER.

Écoutez ma vielle,
Vous ferez charmés.

SECOND FORGERON.

Ah ! ah ! vous avez bon air !
Bon air vous avez !

CHŒUR DES FORGERONS.

Ah ! ah ! vous avez bon air !
Bon air vous avez !

(*Ils danfent autour de lui en chantant.*)

ROGER.

Ariette *dont le chant eft noté à la fin.*

Eh ! Meffieurs , laiffez-vous toucher !

LES FORGERONS.

Non.

ROGER.

Mais, écoutez un petit air.

LES FORGERONS.

Non.

ROGER.

Rendez-moi donc ma femme !

LES FORGERONS.

Non.

ROGER.

Par égard pour ma flamme !

LES FORGERONS.

Non.

ROGER.

Par pitié !

LES FORGERONS.

Non.

ROGER.

Par amitié !

LES FORGERONS.

Non.

ROGER, *à part.*

Le diable les emporte.

(*Deux Forgerons le prennent par les épaules.*)

AIR : *J'avois cent francs,* &c.

L'ami, crois-moi,
Ne nous fais pas la nique ;
Laisse-là ta musique ;
Va-t-en, retire-toi.

B 2

A l'Opéra
Tu pourrois trouver grace
Par ce secours-là.
Ici, crois-moi,
Mets autre chose en place,
Ou bien c'est fait de toi.

(*Ils levent tous leurs marteaux sur lui, & l'entourent avec des gestes menaçans, &c.*)

R O G E R, *du ton le plus affectueux.*

A i r : *Quand vous entendrez les doux zéphirs.*

Hélas ! laissez vous donc attendrir
Par les soupirs d'un mari fidèle !
A vos genoux voyez-moi mourir,
Ou rendez-moi ma Belle.
Loin de ses yeux,
Tout m'est odieux ;
Je dépéris, je meurs de dépit.
Oui, sans Javotte,
Roger radotte,
Il en perd l'esprit.

Hélas ! laissez, &c.

SECOND FORGERON.

Oui, voilà bien quelque chose ; tu ne chantes pas mal ; mais ne saurois-tu pas, pour nous achever, quelque petit air de danse ?

ROGER.

Hélas ! Messieurs, ce n'est pas par-là que je brille ; mais, n'importe, je vais essayer.

(Il joue l'Allemande-Suiffe , pendant laquelle les
Forgerons font différens geftes d'admiration
& de contentement.)

PREMIER FORGERON.

Oh ! pour le coup, mes amis, il faut nous
rendre à cela ; oui-dà : car s'il nous dit tout ce
qu'il fait, il n'aura plus rien à dire à notre
maître.

SECOND FORGERON.

Viens avec moi, je vais te conduire dans tous
les recoins de la forge.

(Il rejoue la même Allemande ; tous , fe mettant à
danfer , fortent du Théâtre , en rentrant par
la forge.)

SCENE VIII.

FUMERON, SA FEMME, JAVOTTE, TROIS SUIVANTES, *dont une file avec une quenouille, l'autre tricotte, l'autre devide un rouet.*

(La Forge a disparu. Le Théâtre représente un Jardin. Fumeron entre avec sa femme.)

FUMERON.

AIR : *Fanfare de Saint-Cloud.*

METTONS-nous sous cet ombrage
Pour éviter la chaleur.

Madame **FUMERON**, *à ses femmes.*

Portez-ici votre ouvrage,
Et respirez la fraicheur.

(Les femmes avancent des chaises.)

FUMERON.

Mais qu'a donc notre Marmotte ?
Auroit-elle de l'humeur ?

JAVOTTE.

Monseigneur ! Monseigneur ! Monseigneur !

Madame FUMERON.

Va, console-toi, Javotte :
Mon mari veut ton bonheur.

(Madame Fumeron s'assied à côté de son mari.)

(A Javotte.)

Allons, ma petite ; pour t'égayer, chante-
nous quelque chose.

JAVOTTE, *chante.*

AIR : *Poulida Pastourella.*

Poulida Pastourella !
Perletta mas amours !
Perché sias-vous tant bella,
Et yeou tant amouroux ?
Poulida, &c.

SCENE IX.

Les susdits ; GUILMINO, *accourant.*

FUMERON.

QU'EST-CE qu'il y a, Guilmino ? Vous ê
bien échauffé !

GUILMINO.

AIR : *De la petite Poste.*

Ah ! Monseigneur ! ah ! Monseigneur !
Tout est chez vous dans la rumeur ;

Tous les travaux font arrêtés,
Les Forgerons font enchantés ;
Un chanfonnier, qui vient d'entrer,
Comme des fous les fait danfer.

Sa vielle eft comme une magie. Le Sorcier chante, & le gros Dogue refte la gueule béante ; tous les Forgerons font chorus, votre vieux Portier bat la mefure, & les femmes de Madame danfent la Fricaffée.

(*On entend du bruit.*)

Madame FUMERON.

Ah ! mon ami, ils viennent par ici.

FUMERON.

Ne craignez rien, ma femme. Guilmino, emmenez Javotte, & veillez fur elle.

SCENE X.

ROGER *entre avec les Forgerons ; les précédens ; troupe de Forgerons.*

CHŒUR *que l'on entend des coulisses.*

AIR: *De la Fricassée.*

C'EST le meilleur des maris
Qui vient pour demander sa femme ;
C'est le meilleur des maris,
Qui soit de la Chine à Paris.

FUMERON, *se levant, dit à Roger.*
Insolent ! viens-tu braver ma colere ?

AIR : *Jean de la Riole.*

Jean de la Riole, mon ami,
Est-ce que tu ris, est-ce que tu te moques?
Jean de la Riole, mon ami,
Que viens-tu chercher par ici ?

ROGER, *troublé.*
Monseigneur !....

FUMERON.
Eh ! bien, après ?....

ROGER.

Monseigneur !.... Et vous, ma bonne Dame !....

Madame FUMERON.

Que demandez-vous ? Parlez.

ROGER.

Je ne saurois.....

FUMERON. 

Dis donc, qui es-tu ?

CHŒUR des Forgerons.

AIR : *De la fricassée.*

C'est le meilleur des maris,
Qui vient vous demander sa femme ;
C'est le meilleur des maris,
Qui soit de la Chine à Paris.

FUMERON, *à Roger.*

Mais, dis-moi donc quelque mot.

Madame FUMERON.

Tu restes-là comme un sot.

PREMIER FORGERON.

Mais, parle leur donc ? nigaud.

ROGER.

Je me sens saisir l'âme,
Et je ne peux dire un mot.

CHŒUR DES FORGERONS.

C'eſt le meilleur des maris,
Qui vient pour demander ſa femme;
C'eſt le meilleur des maris,
Qui ſoit de la Chine à Paris.

ROGER, *à Fumeron.*

Monſeigneur, je vous avouerai bonnement que je venois pour chercher ma Javotte; mais je ne comptois pas avoir affaire à vous : c'eſt pourquoi votre préſence m'embarraſſe.

FUMERON.

Tu ne comptois pas avoir affaire à moi ! Mais, nigaud, ſi tu veux ravoir ta femme, il faut bien que nous ayons affaire enſemble, & que ce ſoit moi qui te la rende.

ROGER.

Vous avez raiſon, Monſeigneur. Mais, on ne peut pas penſer à tout.

FUMERON.

Mauvaiſe excuſe ! Dis plutôt que tu voulois éviter une ſituation qui t'a paru difficile. Mais, va, je ſuis bon diable, je ne la ferai pas durer long-tems, & je n'ai paru que pour la forme.... A préſent, amuſe-nous; & ſi tu ſais encore quelques chanſons, voyons; regagne ta Javotte.

ROGER, *avec emphase.*

A I R : De Rameau. *Fatal amour !*

Charmant amour, puissant vainqueur !
Fais-moi rendre l'objet dont dépend mon bonheur !

(*Fumeron bâille, ainsi que sa femme & les*
Forgerons.)

SECOND FORGERON, *l'interrompant.*

Tais-toi donc, tu vas l'impatienter. Change
de ton.

ROGER.

Bon, bon. Laisse-moi faire.

A I R : *Du haut en bas.*

Rendez-la moi,
Cette Javotte que tant j'aime ;
Rendez-la moi ,
C'est l'unique objet de ma foi.
Ah ! par votre bonté suprême ,
Pour prix de ma tendresse extrême ;
Rendez-la moi.

A I R : *Margoton , mon cœur.*

Ah ! ma belle Dame, Ah ! mon bon Seigneur ,
Ecoutez-un air flatteur ,
Pour vous, pour vous, pour vous remettre ;
Ecoutez un air flatteur,
Pour vous remettre en belle humeur.

Quand Orphée defcendit aux Enfers pour demander fa femme à Pluton ; voici ce que le
Monarque Ténébreux lui dit, en la lui rendant.

AIR *des Femmes Vengées. Tous les pas d'un difcret*
Amant.

Je crains peu que cette faveur
Puiffe tirer à conféquence ;
Tous les maris ont ta douleur,
Mais aucun n'a ton imprudence.
Si, pour imiter ton deffein,
Quelqu'autre étoit affez peu fage,
Crois qu'il fe perdroit en chemin,
Sans achever le voyage.

Madame FUMERON, *à fon mari.*

Eh bien ! mon ami.

AIR : *Vraiment ma commere, voire.*

Vous fentez-vous réjoui ?

FUMERON.

Vraiment, ma commere, oui.

PREMIER FORGERON.

S'il le dit, il le faut croire.

CHŒUR DES FORGERONS.

Vraiment, mon compere, voire,
Vraiment, mon compere,
Oui.

Madame FUMERON.

Comme je n'ai pas de modèle à copier, je ne
fais pas ce que je dois dire ; mais je fais fort bien
ce que j'en pense.

AIR : *La Beauté & la Curiosité.*

D'une sincere ardeur chérir en une Belle
Sa beauté ;
En voyant ses appas, lui demeurer fidèle,
La rareté !
Mais sitôt qu'on la perd, recourir après elle,
La curiosité !

FUMERON.

Mon garçon, je t'accorde ta priere ; je te rends
ta femme ; emmene-la : mais j'y mets une condition. Si tu jettes un seul regard sur sa person-
ne, tu la perdras aussi-tôt pour jamais.

ROGER.

O Ciel ! quelle condition barbare ! Autant
vaut-il ne me la pas rendre.

FUMERON.

Je conviens qu'elle est ridicule ; mais je ne
fais rien de mon chef, & j'ai la fable pour gui-
de ; ainsi obéis, & ne réplique pas. Venez, ma
chere femme, & renvoyons-lui sa Javotte....

D U O.

FUMERON, *en s'en allant.*

AIR *de la Fête du Château. Une terre, avec moi,* &c.

Contraignez les defirs de vos cœurs amoureux ;
    Dans le filence,
    Sortez de ces lieux.

Madame FUMERON.

Ne porte point fur elle un regard curieux ;
    Une imprudence
    Vous perdroit tous deux.

FUMERON.

Je veux être obéi, redoute ma vengeance ;
    Si tu la regardois,
    Tu la reperdrois pour jamais.

(*Reprife en Duo.*)

Contraignez, &c.

CHŒUR DES FORGERONS.

    Emmène ta Belle ;
    Décampe avec elle :
      Car Fumeron
    N'entendroit pas raifon.
    Oui, crains fa vengeance ;
    La moindre imprudence
      A ton amour
    Joueroit un mauvais tour.

(*Ils fortent tous fur la premiere reprife de l'air*
de Chaffe de la Garde.)

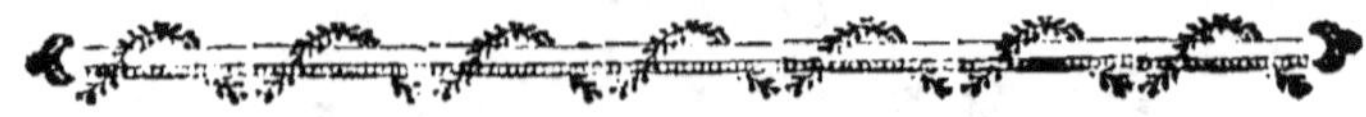

SCENE XI.

ROGER, *seul.*

J'EN connois qui, dans la position où je me trouve, s'amuseroient à admirer ce jardin, & qui diroient.....

AIR : *Quand vous entendrez, &c.*

Petits oiseaux, aimables zéphirs ;
Et vous, ruisseaux, dont le doux murmure, &c.

Pour moi, je sens que je ne dois songer qu'à ma femme, & j'oublie tout pour elle..... Elle va m'être rendue!...

AIR : *Toujours, il est toujours le même, &c.*

Toujours, toujours, c'est toujours quelque chose;
A quel danger,
L'Amour va m'exposer !
Quoi ! de l'envisager,
Pour moi c'est lettre close !
Mais, sans la regarder,
Je pourrai la toucher :
Toujours, toujours, c'est toujours quelque chose.

SCENE.

SCENE XII.

ROGER; GUILMINO, *ramenant Javotte, qui est voilée d'un mouchoir.*

GUILMINO, *à Roger.*

AIR : *Allons, gai, réjouissez-vous, &c.*

Reçois de moi ta tourterelle,
   Tendre tourtereau ;
   Et jusqu'au tombeau,
Des bons Maris sois le modèle.
   Allons, gai, sans plus de façons,
   D'ici pars avec elle :
   Allons, gai, sans plus de façons,
   Tournez les talons.

(Il la dévoile & la lui remet entre les mains.)

         (Guilmino sort.)

SCENE XIII.

ROGER, JAVOTTE.

AIR *du Peintre amoureux, &c. Me promenant près*
du logis, &c.

JAVOTTE.

AH ! te voilà, mon cher mari !

ROGER.

Oui, tu me vois. Je suis ici.

JAVOTTE.

Mon cher ami !

ROGER, *à part.*

Je suis saisi, &c.

ROGER, *à part.*

Ah ! quel martyre !
Que lui dire ?
(*Haut*) Viens, n'arrête pas.

JAVOTTE, *à part.*

Eh, mais ! d'où vient qu'il soupire ?

ROGER.

Avance donc ; suis mes pas.

JAVOTTE.

Roger ! pourquoi te taire ?
Quel est ce mystère ?

(*A part.*)

Ah ! je crois, ma foi,
Qu'il fe rit de moi.

(*A Roger.*)

Retourne-toi,
Regarde-moi.

R O G E R.

Sans différer, fortons d'ici.

J A V O T T E.

(*A la Reprife.*)

Mon cher ami !

R O G E R.

Je fuis faifi, &c.

✻

R O G E R, *s'éloignant d'elle,*

Ah ! morbleu ! la terrible chofe qu'une dé-
fenfe !

D U O.

A I R : *Robin turelure.*

J A V O T T E.

Mais, viens donc, mon cher Roger !

R O G E R, *à part.*

J'ai bien peur de l'aventure.

J A V O T T E.

Mon ami, viens m'embraffer !

R O G E R.

Turelure.

C 2

Cache-moi bien ta figure.

JAVOTTE.

Ah ! quel affront ! quelle injure !

JAVOTTE.

AIR : *Sur un Sopha*, &c.

Quelle douleur !
Cette froideur
Me fend le cœur.
Ingrat, j'aime mieux
Que tu me laisse en ces lieux.

ROGER.

Dieux !

DUO.

ROGER.

AIR : *Toto , carabo.*

Au nom de ma tendresse,
Éloignons-nous d'ici,
Carabi.

JAVOTTE.

Prends pitié de ma foiblesse,
Dissipe mon souci,
Carabi,
Toto, carabo, marchand caraban,
Roger, mon pauvre ami,
Me laîras-tu, me laîras-tu, me laîras-tu mourir?

JAVOTTE.

Prends pitié de ma foiblesse ;
Tourne les yeux ici,
Carabi.

ROGER.

Ah ! ma chere maitresse,
D'honneur je ne le puis ;
Carabi,
Toto, carabo, marchand caraban,
Roger, ton bon ami,
Te laîroit-il, te laîroit-il, te laîroit-il mourir ?

ROGER.

Ah ! ma chere maitresse,
D'honneur je ne le puis,
Carabi.

JAVOTTE.

C'est une mal-adresse
De t'excuser ainsi,
Carabi,
Toto, carabo,
Marchand caraban,
Roger, mon cher ami,
Me laîras-tu, me laîras-tu, me laîras-tu mourir ?

JAVOTTE.

C'est une mal-adresse
De t'excuser ainsi,
Carabi.

ROGER.

C'est pour suivre la Pièce
Où l'on a pris ceci,
Carabi.
Toto, carabo,
Marchand caraban,
Roger, ton bon ami,

D U O.

Te }
Me } laîroit-il (*ter.*) mourir ?

JAVOTTE.

Tu ne veux donc pas m'en dire davantage ?

ROGER.

Écoute, Javotte : il est bien vrai que je pourrois te tranquillifer d'un feul mot; mais je ne le
veux pas. C'est à toi à te dire : oui-dà ! il faut
qu'il y ait un fecret là-deffous, que Roger est
forcé de me cacher, & à te payer de raifon.

JAVOTTE.

Me payer de raifon ! Belle propofition à faire
à une femme !

ROGER.

Je n'en ai pourtant pas de meilleure.

JAVOTTE.

Eft-ce là ton dernier mot ?

ROGER.

Oui.

JAVOTTE, *à part.*

Puisque rien ne peut le toucher, faisons sem-
(*Haut.*)
blant de nous évanouir petit-à-petit..... Roger.....
je me trouve mal.

ROGER.

AIR : *A la façon de Barbari.*

Quoi ! tu veux donc mourir aussi,
Biribi,
A la façon de Barbari, mon ami ?

JAVOTTE.

Oui. C'en est fait..... Adieu, Roger.
(*Elle tombe sur le gazon*).
DUO.
AIR : *Vous, Amans que j'intéresse.*
ROGER.
Non, tu n'es pas assez sotte ;
Non, non, ma chere Javotte,
Non, tu n'es pas assez sotte,
Pour mourir pour tout de bon !
JAVOTTE.
Crois que ta chere Javotte
Va mourir pour tout de bon.
ROGER, *à part.*
Fumeron ! ordre funeste !
JAVOTTE.
Va, cruel ! je te déteste.

C 4

ROGER.

C'eſt pour jouer de ton reſte,
Et pour me faire la loi.

JAVOTTE.

Moi!

ROGER.

Toi.

ENSEMBLE.

ROGER.	JAVOTTE.
Non, tu n'es pas aſſez ſotte;	
Non, non, ma chere Javotte,	Crois que ta chere Javotte
Non, tu n'es pas aſſez ſotte,	Va mourir pour tout de bon.
Pour mourir pour tout de bon.	

(*A la fin de l'air, Javotte laiſſe tomber ſa tête ſur le gazon, & ne parle plus. Roger, après un inſtant de ſilence, ſe retourne & parle.*)

ROGER.

Mais cependant, ſi c'étoit vrai! .... Qu'eſt-ce que je riſque de la regarder? Suis-je un baſilic? Mes yeux ne la tueront pas. (*Il s'approche d'elle.*) Ma chere Javotte! ouvre les yeux, vois-moi.

AIR: *Eh! riez, riez donc, &c.*

Et reviens, reviens donc,
C'eſt Roger qui t'appelle;
Et reviens, reviens donc,
Ma gentille Tonton.

Elle ne dit mot ! ô Ciel ! Ce maudit Forgeron l'a ensorcelée. Elle est morte !

A I R du Devin du Village.

J'ai perdu tout mon bonheur,

(En s'écriant.)

J'ai perdu ma Javotte !

Allons, il faut se tuer, pour sortir d'embarras.

(Il sort un couteau de sa poche).

SCENE XIV.

JAVOTTE, ROGER, CÉLADON.

CÉLADON, *lui touchant le bras.*

J'ARRIVE à point nommé pour t'épargner les frais d'un second défefpoir; car ce feroit toujours la même chofe.

ROGER.

Non, parbleu ! Cette fois-ci j'y allois bon jeu, bon argent.

CÉLADON.

Pourquoi donc cette folie ?

ROGER.

Pour varier la fcène. Ma femme eft morte, que voulez-vous que je faffe ici tout feul ?

JAVOTTE, *riant.*

Ah ! le nigaud, qui donnoit là-dedans !

ROGER.

Comment tu n'es pas morte ?

JAVOTTE.

Eh ! non vraiment, c'eft un femblant.

ROGER.

Ma foi, je croyois que c'étoit une vapeur lyrique, qui t'avoit suffoquée.

CÉLADON.

Et moi, je vous apportois un dénouement.

JAVOTTE.

Donnez toujours : cela n'eft pas de refus.

CÉLADON.

Oh ! non ; puifque vous n'êtes pas morte, il ne fçauroit vous fervir.

ROGER.

Pourquoi donc cela ?

CÉLADON.

Parce que c'eft un dénouement à la moderne. Je ne venois ici que pour faire valoir la vertu de mes fecrets ; j'avois même raffemblé tous vos camarades pour les rendre témoins de la cure merveilleufe que j'allois opérer : mais, puifque vous vivez, je n'ai plus que faire ici.

ROGER.

Comment diable ! il faut donc abfolument mourir pour vous rendre néceffaire ?

SCENE XV.

Les précédens ; GUILMINO, *accourant.*

GUILMINO.

Au contraire, vivez, mes amis ; Monsieur Fumeron n'avoit envie que de se divertir en faisant une petite épreuve. Il vouloit voir si un mari aimeroit assez sa femme pour entreprendre ce que Roger a fait pour Javotte ; il est content de vous, & vous récompensera l'un & l'autre.

SCENE XVI ET DERNIERE.

Les précédens ; LES MARMOTTES, *&*
VIELLEURS, *camarades de*
ROGER, *arrivent.*

LES VIELLEURS.

AH ! mon cher Roger !

LES MARMOTTES.

Ah ! ma chere Javotte !

CÉLADON.

Allons, mes amis, divertissez-vous.

CHŒUR *de l'Amoureux de Quinze ans.*

CÉLADON.

Mes enfans,
Dans les plaisirs, employons ces momens.

CHŒUR.

Mes enfans,
Célebrons ces heureux Amans.

ROGER, *à Javotte.*

Roger revoit tes appas !

JAVOTTE, *à Roger.*

Oui, Javotte est dans tes bras.

CÉLADON.

Amis, plus de foucis;
Banniffons d'ici
L'ennui.
Oui, oui;

Mes enfans,
Dans les plaifirs, employez, &c,

A I R *du Vaudeville de Sara.*

ROGER, *au Public.*

Sans ceffe étudier vos goûts,

Nous conformer à tous,
Ne penfer qu'à vous.

J A V O T T E, *au Public.*

Souvent vous voir amufer parmi nous,
Rien n'eft plus doux!
De nos foins, c'eft le falaire.

R O G E R.

Pouvoir remplir tous vos loifirs,
Meffieurs, c'eft notre unique affaire.

E N S E M B L E.

Vous charmer & vous plaire,
C'eft le but de nos defirs. [*Bis.*]

Reprife du Chœur de l'Amoureux de Quinze ans.

C É L A D O N.

Qu'il eft doux
De réuffir à contenter vos goûts !

CHŒUR.

Qu'il eſt doux
De vous voir amuſer chez nous !

ROGER.

Ailleurs, on voit de grands traits.

JAVOTTE.

Ici de ſimples portraits.

CHŒUR.

Heureux,
Si, par nos jeux,
Nous chaſſons d'ici
L'ennui ;

Oui, oui, oui.

Qu'il eſt doux
De réuſſir à contenter vos goûts !

APPROBATION.

J'AI lu, par ordre de Monſieur le Lieutenant-Gé-
néral de Police, *Roger-Bontems & Javotte, Parodie
de l'Opéra d'Orphée ;* & je n'y ai rien trouvé qui m'ait
paru devoir en empêcher, ni la repréſentation, ni
l'impreſſion. A Paris, ce 2 Mai 1775. CRÉBILLON.

*Vu l'Approbation, permis de repréſenter & d'imprimer.
Ce 3 Mai 1775.*

ALBERT.

De l'Imprimerie de Cl. Simon, Imprimeur-Libraire
de LL. AA. SS. Messeigneurs le Prince de Condé,
& le Duc de Bourbon, rue des Mathurins, 1775.